엄청나게 신기하고 볼수록 빠져드는
날씨의 비밀

에밀리 본 글

카티아 가이갈로바 그림

케이티 웨브, 리지 노트 디자인

송지혜 옮김

로저 트렌드 감수

인터넷에서 자료 찾기

어스본 바로가기(usborne.com/quicklinks)에 방문해서
검색창에 'Lots of things to know about Weather'를
입력해 보세요. 날씨와 관련된 영상과 실험을 보고
더 많은 정보를 접할 수 있어요.

'어스본 바로가기'에서는 인터넷 안전 지침을 지켜 주세요.
어린이가 인터넷을 사용하는 동안
보호자가 옆에서 지도해 주세요.

세상에서 가장 큰 우박은
어른의 머리보다 크다는 사실을
알고 있었나요?

굉장해요!
그런데 **우박**이 뭐예요?

62쪽 <낱말 풀이>에서
단어 뜻을 찾아봐.
63-64쪽 <찾아보기>에서는
궁금한 주제가
어디에 실려 있는지
확인할 수 있어.

비 온 뒤에 나는 기분 좋은 냄새

비가 쏟아지고 나서 상쾌한 냄새를 맡아 본 적 있나요?
이 냄새가 어디서 나는지 알면 깜짝 놀랄 거예요.

사실 이 냄새는 **흙** 속에 사는 **세균**이 만들어 낸답니다.
세균은 눈에 보이지 않는 아주 작은 생물이에요.

빗방울이 마른 흙을 적시면 세균이 거품을 만들어요.
거품 속에는 신선한 흙냄새가 나는 화학 물질이 가득 차 있어요.

이 냄새를 '페트리코'라고 불러. 많은 향수 회사들이 페트리코를 닮은 향을 만들고 있지. 음, 기분이 좋아지는걸.

거품이 **터지면서** 냄새가 공기 중으로 퍼져 나가요.

바닷가에 항상 바람이 부는 이유

낮에는 **바다**에서 **땅**으로 바람이 불어와요.

1. 햇볕을 받으면, 땅은 바다보다 빨리 따뜻해져요.

2. 땅 위의 **따뜻한 공기**가 위로 올라가요.

3. 바다 위의 **찬 공기**가 땅 위의 빈자리로 이동하며 바람이 불어요.

오, 바람이 아주 좋아!

앗! 모자가 날아갔어!

밤에는 **땅**에서 **바다**로 바람이 불어요.

1. 해가 지면,
땅은 빨리 식고
바다는 천천히 식어요.

2. 바다 위의
따뜻한 공기가
위로 올라가요.

3. 땅 위의 **찬 공기가**
바다 쪽으로 흘러가
바람이 불어요.

정말 상쾌해!

으으, 나는
조금 추운데!

우아!
그러니까 바다는
매일 날씨가
바뀌네요?

맞아! 바다가
조금만 더 따뜻해져도
날씨는 아주 크게 달라져.
땅으로 강력한
바람이 불어 와
우리에게 심한 폭풍이
불어닥칠 수도 있지.

수백만 마리의 동물이 옮겨 다니는 이유

아프리카의 드넓은 초원 세렝게티에는 누 떼가 살고 있어요.
누 떼는 오직 하나만을 쫓아서 움직여요. 바로 풀이지요!

세렝게티에서는 지역마다
비가 내리는 시기가 달라요.
비가 오지 않을 때는
정말로 건조해요.

누 떼는 한곳에 머무르지 않고
비가 내리는 곳을 따라
세렝게티를 돌아다녀요.

얼룩말과 가젤,
또 다른 동물들이
누 떼를 따라다니지요.

왜 이렇게
움직이는 거예요?

비가 내리면 맛있는
새 **풀**이 돋아나거든.
그리고 신선한 **물**도
마실 수 있어!

달 무지개

비 오는 날에 햇빛이 비치면 하늘에 **무지개**가 떠요. 그런데 해가 졌을 때도 **달 무지개**가 뜬다는 사실을 알고 있나요?

우아, 예뻐요! 어떻게 이런 일이 일어나죠?

무지개는 **햇빛**이 하늘에 떠 있는 **물방울**과 부딪히면서 생겨. 밤이라도 달이 밝게 빛나고, 안개나 빗방울이 퍼져 있다면 똑같은 일이 일어나지.

무지개를 찾는 사람들을 위한 정보
특별한 모양을 가진 무지개도 있어요.

흰무지개
안개가 끼었을 때 생겨요.

쌍무지개
첫 번째 무지개 위에…

…색의 순서가 반대인 무지개가 생겨요.

해 무지개와 달 무지개 모두
같은 순서대로 색 띠를 이루어요.
빨간색, 주황색, 노란색, 초록색,
파란색, 남색, 보라색 순서예요.

무지개를 보려면,
해나 달을
등지고 있어야 해요.

원형 무지개

사실 모든 무지개는 둥근 원형이에요.
하지만 하늘의 비행기나 산 꼭대기같이
아주 높은 곳이 아니라면
전체 모양을 볼 수 없어요.

거꾸로 생긴 무지개

성긴 구름 사이에 아래가 둥근 무지개가 떠요.

어떤 구름은 정말 보기 드물어요. 특별한 조건에서만 생겨나지요.

렌즈구름은
우주선이나 모자처럼 보여요.
산 위로 부는 습한 바람 때문에
만들어지지요.

유방구름(유방운)은 혹처럼 울퉁불퉁해요.
주로 커다란 폭풍이 오기 전에
먹구름 아래에 생겨나요.

포스트라크 홀은 구름의 일부가 얼어붙어서
아래로 떨어져, 구멍이 뚫린 듯처럼
빈 자리가 남는 거예요.
비행기가 지나가면서 생겨날 수 있어요.

어떤 구름은 파도처럼 보이기도 해요.
다른 속도로 부는 바람들 때문에 생겨나요.

구름은 수많은 물방울이 모여
하늘에 떠 있는 거야.
작고 가벼웠던 물방울이
주변의 습기를 머금어
너무 무거워지면,
구름 아래로 떨어져서 **비**가 되지.

그나저나
구름이 뭐예요?

엄청나게 추웠던 소 빙하기

약 500년 전, 북대서양 지역의 겨울은 몹시나 추웠어요.
많은 강들이 몇 주 동안이나 꽁꽁 얼어붙었지요.
얼음으로 뒤덮인 런던의 템스 강에서는 온갖 상점과
다양한 행사가 열리는 **얼음 축제**가 펼쳐졌어요.

*민스파이 : 영국의 전통 파이

1814년, 수천 명의 사람이 얼음 축제를 즐기기 위해 얼음 위로 몰려들었어요.

여기로 와서 민스파이*를 먹어 보세요!

따뜻한 코코아도 있어요!

우아!

어부들은 배에 바퀴를 달아 사람들을 태워 주었지요.

인생 최고의 놀이기구를 타 보세요!

기온을 알려 주는 곤충

온도계 없이도 밖이 얼마나 더운지 알 수 있을까요?
귀뚜라미의 한 종류인 **북미산 긴꼬리** 한 마리만 있으면 돼요!

방법은 다음과 같아요.
북미산 긴꼬리 한 마리와 초시계가 필요해요.
그리고 북미산 긴꼬리가 8초 동안에
몇 번을 우는지 센 다음, 5를 더해요.
그 수가 바로 **섭씨온도(℃)**와 같아요.

화씨온도(℉)를 구하려면
14초 동안 몇 번을 우는지
센 다음, 40을 더해요.

20번 울었으면 5를 더해서 25℃가 되는군!

45번 울었으면 40을 더해서 85℉가 되는 거야!

귀뚜라미는 거칠거칠한 날개 가장자리를 서로 비벼서 소리를 낸다던데, 맞아요?

맞아! 그리고 귀뚜라미는 태양열 등으로 몸이 따뜻해져야 잘 움직여. 날이 더워질수록 귀뚜라미는 몸을 더 빨리 움직이고, 울음소리도 더 많이 내지!

곤충 온도계

많은 곤충이 날씨가 얼마나 덥고 추운지에 따라 행동이 달라져요. 그래서 곤충들을 살펴보면 다음과 같이 **기온**을 짐작할 수 있어요.

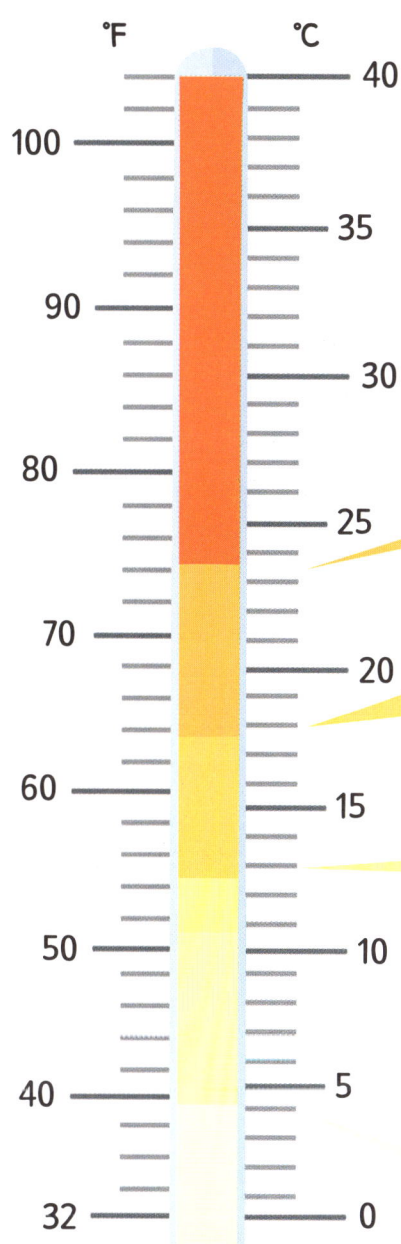

곤충이 활동하기에 **너무 더워요.** 대부분이 시원한 곳을 찾아 숨어요.

바퀴벌레가 날아다녀요.

매미가 울어요.

개미가 둥지 밖으로 나오고 **나비**가 날아다녀요.

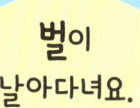

벌이 날아다녀요.

곤충이 활동하기에 **너무 추워요.**

폭풍에 이름 붙이기

허리케인은 주로 대서양 서부와 북태평양 동부에서 발생하는 강력한 폭풍이에요. 사나운 바람과 세찬 비를 몰고 오지요. 기상학자들은 허리케인에 이름을 붙여요.

어떤 나라에서는 시민들이 허리케인의 이름을 지어 기상학자들에게 제안하기도 해요.

데이비!

마야!

앨리스!

사비르!

보든!

리핑!

기상학자들은 일 년 동안 사용할 허리케인의 이름의 목록을 알파벳 순서대로 작성해요. 보통 여자아이의 이름과 남자아이의 이름을 번갈아 사용해요.

좋아요. 그럼 앨리스로 합시다.

그다음은 세리스예요!

다음은 바이반?

허리케인은 엄청난 피해를 가져올 수 있어요.
허리케인에 이름을 붙이면 허리케인이 올 때
기자와 응급 구조대가 사람들에게
위험을 알리기 더 쉬워요.

허리케인은 바다에서 만들어져 육지를 향해 돌진해 옵니다. 우주에서 바라본 허리케인은 마치 소용돌이치는 거대한 구름 같아요.

가운데 있는 구멍은 '눈'이라고 불러요. 이 지역은 폭풍 속에서도 바람이 불지 않고 고요해요.

9월 2일, 허리케인 일라리아가 상륙합니다!

우주에서 바라보는 **허리케인의 모습이에요.**

폭풍이 인도양 쪽에서 발생하면 **사이클론**, 북태평양 남서부에서 발생하면 **태풍**이라고 불러요.

비 안 내리는 여행을 원하신다면!

비 안 내리는 여행사와 함께 떠나 보세요. 평생 기억에 남을 여행을 할 거예요.
우선 세계에서 **가장 메마른 사막들**을 찾아가 볼까요?
하지만 사막이 항상 덥지는 않다는 걸 기억해요.
자, 출발합시다.

모래를 좋아한다면, 아라비아 사막이 마음에 들 거예요. 일 년 동안 내리는 비가 고작 100밀리미터밖에 안 돼요!

아시아, 아라비아 사막

미국, 모하비 사막

다음은 미국에 있는 모하비 사막이에요. '죽음의 계곡'이라고 불리는 지역에서는 놀랍게도 **40개월** 동안 비가 거의 내리지 않았어요!

이곳은 찌는 듯이 뜨거워. 기온이 가장 높았을 때는 56.7℃로, 세계 최고 기록을 남겼지. 후우!

아프리카, 사하라 사막

훨씬 더 건조한 곳으로 가 봅시다!
사하라 사막의 어떤 지역에서는 **수백 년 동안**
비가 1밀리미터도 내리지 않았어요.

남아메리카, 아타카마 사막

아타카마에 어서 오세요!
이곳도 건조하긴 마찬가지예요.
아타카마 사막의 어떤 지역은 놀랍게도
500년 동안 비가 오지 않았어요.

남극, 맥머도 드라이 밸리

우리의 마지막 목적지는
지구상에서 가장 건조한 곳이에요!
남극에 있는 맥머도 드라이 밸리는
2백만 년 동안 비가 전혀 내리지 않았어요.

모자와 목도리, 물병을 꼭 챙겨야 해.
영하 14℃보다 따뜻해질 일은
절대 없으니까. 덜덜!

스스로 굴러가는 눈덩이

커다란 눈덩이를 만들어 본 적 있나요? 먼저 눈을 작게 뭉친 다음 데굴데굴 굴려서 점점 크게 만드는 거예요. 바람이 조금 도와주면 눈은 자기 스스로 굴러갈 수 있어요.

눈이 내린 평평한 땅 위에 강한 바람이 불면 습기를 머금은 눈이 돌돌 말린 모양으로 뭉쳐져요. 이것을 **두루마리 눈**이라고 불러요.

눈이 지나온 자국을 보면 얼마나 멀리 굴러왔는지 알 수 있어요.

왜 나는 이걸 본 적이 없죠?

보기 드문 현상이라 그래! 눈은 엉겨 붙을 정도로만 적당하게 녹아야 해. 그리고 바람은 눈을 굴릴 정도로 세게 불어야 하지만, 그렇다고 눈을 날려 버릴 만큼 강하게 불어도 안 되지.

나무에서 자라는 얼음 머리카락

얼음의 모양은 창문이나 도로에서 볼 수 있듯이 매끄럽지만은 않아요.
얼음이 어떤 종류의 곰팡이와 만나면 놀라운 모양을 만들어요.
이것을 **헤어 아이스**라고 해요.

곰팡이는 어둡고 습한 곳에서 자라는 미생물이에요. 곰팡이의 한 종류인 **엑시디오프시스 에푸자**는 썩은 나무에서 자라나요.

날씨가 몹시 추워지면, 나무 속 수분은 보통 얼어붙어요. 하지만 이 곰팡이는 나무의 수분이 얼지 못하게 막아요.

물아, 넌 얼지 못할 거야!

그 대신 물은 나무 밖으로 밀려나고, 차가운 공기를 만나 아주 가느다란 가닥 모양으로 얼어붙어요. 그 모습이 마치 **백발**을 닮았지요.

추운 날이 계속되면, 헤어 아이스도 며칠 동안 유지되어요.

와, 내 새로운 머리 모양 어때!

자동차보다 세 배 빠른 바람

토네이도는 바다나 넓은 평지에서 발생하는 깔때기 모양의 회오리바람이에요. 격렬하게 소용돌이치는 바람이 거대한 먹구름과 땅을 잇는 기둥 모양을 만들어 내지요.

가장 강력한 토네이도는 지붕을 뜯어낼 정도로 무시무시해요…

…커다란 트럭도 뒤집어 버리지요.

토네이도가 집 한 채를 통째로 들어 올려 100미터 떨어진 곳에 옮겨 놓은 적도 있어요. 그 거리는 축구장 너비만 했지요!

토네이도에서 테니스 공만한 우박(얼음덩어리)도 함께 떨어져. 으악!

만약 토네이도가 호수나 강에 다다른다면, 물을 빨아들여요…

…물고기도 같이요!

물고기 비가 내리고 있어!

 궁금해요! 토네이도는 어디서 생겨요?

 대부분 미국에서, 특히 '토네이도 골목'이라고 불리는 지역에서 발생해. 자세히 읽어 보렴!

토네이도 골목에서는 매년 천 건이 넘는 토네이도가 발생해요.

최고로 강력했던 토네이도는 1999년 5월 3일, 미국 오클라호마주의 브리지 크릭이라는 마을에서 발생했어요. 내부의 바람 속도는 무려 시속 480킬로미터에 이르렀지요.

회오리바람이라고도 불리며, 3월에서 6월까지 주로 봄에 발생해요.

토네이도는 폭풍 구름에서만 생겨나는 것이 아니에요. **화염 토네이도**는 사나운 산불 때문에 생겨나기도 해요.

날씨가 몹시 덥고 건조하면, 모래나 먼지로 이루어진 작은 토네이도가 생기기도 해요. 이를 **먼지회오리**라고 해요.

눈송이 모양 만들기

눈송이의 모양은 아주 다양하고 놀라워요.
넓적한 접시 모양, 바늘 모양, 나뭇가지 모양… 또 어떤 모양이 있을까요?

눈송이는 구름 속 물방울들이 얼어
작은 얼음 결정이 되면서 생겨나요.
아주 차가운 구름은 매우 간단한 모양의
눈송이를 만들지요.

완전히 똑같은 모양의
눈송이는 없어.
왜냐하면 우리는 생겨나고부터
떨어지는 동안 저마다 다른 방식으로
조금씩 녹거든.

바늘

삼각형

기둥

접시

별

따뜻한 구름일수록 물방울도 더 많아요.
이 물방울이 눈송이 위에 얼어붙어서
조금씩 자라나지요.

그래요. 눈송이가 만들어지는
장소에 따라서 뾰족해 있는 듯한
모양을 만들어. 나뭇가지 같이 생긴 듯한
모양이 되기도 하지. 별이나
덴드라이트라고도 불러.

눈송이 모양이
정말 다양해요!

구름이 따뜻할수록
6개의 투명한 팔을 가진
더 복잡하고 아름다운
눈송이 모양이 만들어져요.

300년 넘게 몰아치고 있는 폭풍이 있어요…

…하지만 아주 커다란 망원경 없이는 볼 수 없지요.
왜냐면 이 폭풍은 지구에서 멀리 떨어진 행성에 있거든요!

목성에는 지구 전체를 삼킬 정도로 거대한 폭풍이 불고 있어요. 이를 **대적점**이라고 불러요.

대적점은 허리케인처럼 넓게 소용돌이치는 구름으로 이루어져 있어요. 폭풍 속에서 부는 바람은 놀랍게도 시속 650킬로미터에 이르기도 해요.

"대적점은 왜 붉어요?"

"구름 속에 있는 화학 물질과 가스 때문이지! 사실, 목성의 줄무늬는 여러 구름과 폭풍 때문에 나타나는 거야."

행성 일기 예보

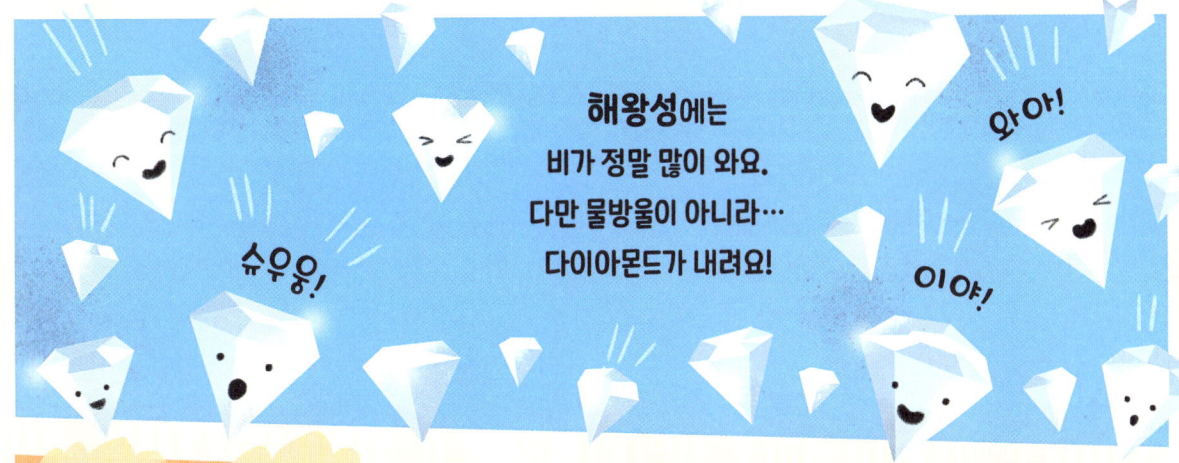

해왕성에는 비가 정말 많이 와요. 다만 물방울이 아니라… 다이아몬드가 내려요!

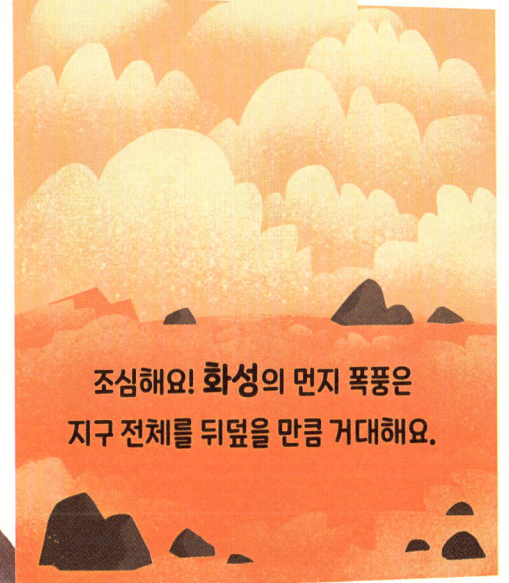

조심해요! **화성**의 먼지 폭풍은 지구 전체를 뒤덮을 만큼 거대해요.

금성은 타는 듯이 더울 거예요. 기온이 480℃에 다다르는데, 금속을 녹일 정도로 뜨겁지요.

목성의 위성인 **유로파**는 정말 추워요. 행성 전체가 두꺼운 얼음판으로 뒤덮여 있어요.

도시 날씨 탐구

도시와 시골의 날씨를 서로 비교한다면, 시골보다 도시는…

…**바람**이 더 많이 불어요! 건물들과 좁은 골목 사이로 바람이 지나가기 때문에 더 세게 부는 것처럼 느껴져요.

…더 **따뜻**해요! 모든 건물과 도로가 열을 흡수해 주변의 공기를 데우기 때문이에요.

…**비**가 더 많이 내려요. 뜨거운 공기, 먼지, 매연이 서로 섞여 구름이 많이 생겨요. 그래서 시골보다 비가 더 오지요.

으, 찌는 듯이 덥군!

뭐가 필요해? 반바지? 우산?

둘 다!

나무가 비를 내리는 방법

열대 우림은 나무가 빽빽이 모여 거대한 숲을 이루고 있는 무더운 지역이에요. 이곳에는 비도 엄청나게 많이 내려요. 이런 과정을 거쳐서요.

1. 높게 자라는 열대우림의 나무는 잎이 크고 넓어요. 그래서 비가 오면 아주 많은 양의 물을 받을 수 있어요.

2. 햇볕이 잎에 고인 물을 따뜻하게 데워요.

깍깍!

3. 물이 공기에 섞여들어 가면서 아주 무겁고 습해져요.

4. 열 때문에 **습기**가 위로 올라가요. 점차 식으면서 **비구름**으로 변하지요.

열대 우림에 사는 많은 식물은 나무에 매달려 높은 곳에서 자라. 공기가 무척 습하기 때문에, 뿌리를 공중에 내어놓고 수분을 빨아들이지.

산불을 일으키는 범인

몇 달 동안이나 비가 내리지 않는 **가뭄**이 들면 땅이 완전히 말라 버려요.
이럴 때 바람이 세게 불면 무서운 일이 일어나기도 해요. 바로 **산불**이지요.

경고!

건조한 식물에는 불이 아주 쉽게 붙어요. 여러 가지 원인으로 불이 나요.

기계 부품이 돌아가며 튀는 불꽃

제대로 꺼지지 않은 모닥불

깨진 유리를 통과하는 햇빛

번개가 건조한 땅에 내리치면 불이 나기도 해요.

바람이 강하게 불면 불이 더 활활 타오르고 멀리 퍼져요.

비가 만든 음식

4월이 되면 중국 일부 지역과 인도, 동남아시아에는 강한 바람이 불어 날씨가 심하게 바뀌고, 6개월 동안 아주 많은 비가 내려요. 이를 **몬순(계절풍)**기라고 해요.

이 지역에서 자라는 어떤 농작물들은 비를 맞아야 더 잘 자랄 수 있어요.

차나무는 수분을 가득 머금고 싱싱한 새잎을 틔워요. 이 잎을 수확하여 **차**로 만들어요.

잎을 따서 말리면 향긋한 차를 우려먹을 수 있어요.

우기가 시작될 때 수확한 차는 맛이 아주 강해요. 이를 몬순차라고 불러요.

쌀은 비가 많이 내려 물에 잠긴 땅에서만 자라요.

쏴르르 맛있는 쌀

몬순기가 끝나갈 무렵에 쌀을 수확해요.

비가 많이 오는 곳에 자라는 풀은 싱싱하고 수분이 많아요.
이 풀을 먹고 자란 소들은 맛 좋고 부드러운 **우유**를 만들어 내지요.

인도는 세계에서 우유 생산량이 가장 높은 나라예요!

싱싱 풀밭에 우유

촉촉 우유 요구르트

우유로 **요구르트**와 **치즈**를 만들어요.

몬순이 만든 치즈

맑은 하늘은 왜 파란색일까요?

낮에 보는 햇빛은 **희거나 노란색**이지만 그게 전부가 아니에요.
빨간색, 주황색, 초록색, 파란색, 보라색이 그 속에 숨어 있지요.

햇빛이 지구의 **대기**에 도착하면, 빛의 여러 색깔 중 파란색이 하늘에서 **산란**을 일으켜요. 산란이란, 여러 방향으로 흩어지는 현상을 말해요. 그래서 하늘이 파랗게 보인답니다.

와, 하늘이 정말 맑고 푸르다!

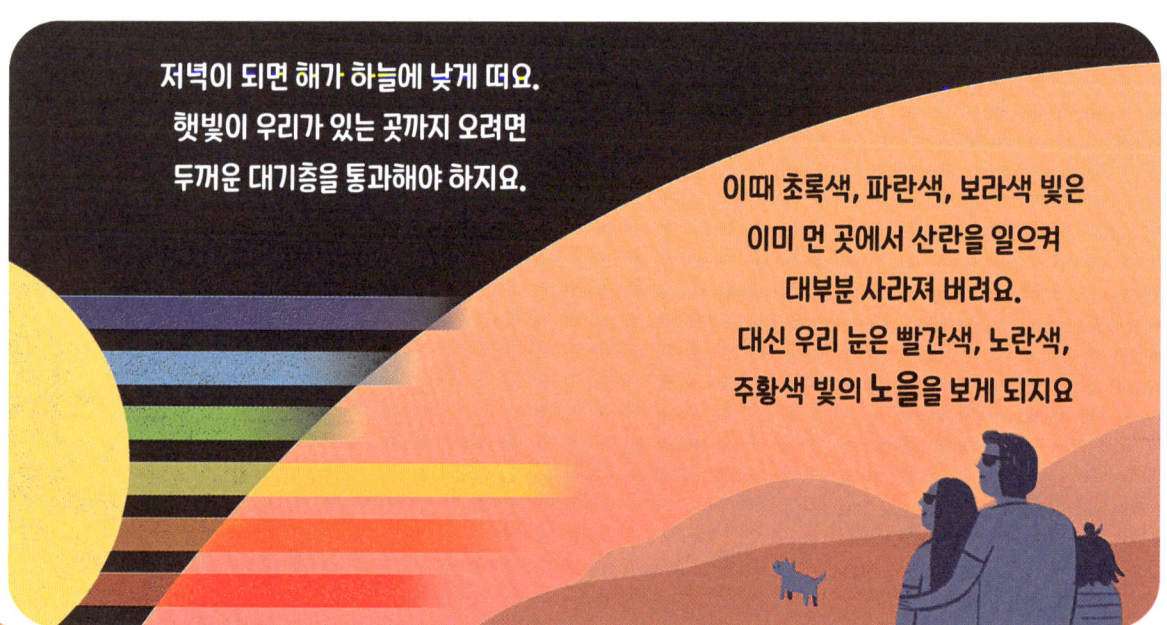

저녁이 되면 해가 하늘에 낮게 떠요. 햇빛이 우리가 있는 곳까지 오려면 두꺼운 대기층을 통과해야 하지요.

이때 초록색, 파란색, 보라색 빛은 이미 먼 곳에서 산란을 일으켜 대부분 사라져 버려요. 대신 우리 눈은 빨간색, 노란색, 주황색 빛의 **노을**을 보게 되지요

노을은 비 온 뒤에 더 선명해요

비가 내리면 많은 먼지와 오염 물질이 씻겨 내려가 하늘이 깨끗하고 맑아져요.
덕분에 노을이 훨씬 선명하고 화려해지지요.

구름은 햇빛을 아래로 반사해
노을 빛을 더 강하게 해 주어요.

이렇게 아름다운 노을을
왜 매일 볼 수
없는 거예요?

구름이 조금만 떠 있고
습도가 높아야 하는 데다가,
하늘이 아주 맑아야
이런 노을을 볼 수 있어.

일 년 내내 비가 내리는 곳이 있어요

정말이에요! 미국 하와이 제도 오아후 섬의 마우나윌리라는 마을은 가장 오랫동안 비가 내린 곳이에요.
1939년에서 1940년까지 총 331일 동안 비가 왔지요.

하와이 제도는 태평양 가운데에 122개의 섬들이 모여 있는 지역이에요. 만약 이 지역에 산다면, **비를 좋아해야 할 거예요.**
비가 엄청나게 많이 오거든요.

1. **바다**에서 따뜻하고 습한 공기가 불어와 **산**으로 올라가요.

2. **습기**가 올라가면서 공기 중에 작은 물방울들이 차갑게 식어서…

3. …커다란 **비구름**이 되지요.

우산을 다시 챙겨 가는 게 좋겠구나!

걱정 마세요. 비는 그칠 거예요. 그러지 않을까요?

하와이에는 비가 너무 많이 내려서, 비를 나타내는 하와이어가 200개도 넘어요.
예를 들면 이런 것들이에요.

일리라니
예상치 못하게 내리는 비

"비옷을 입고 나올걸!"

킬리 노에
더위를 식혀 주는 부드러운 안개비

"아, 이제 살겠군!"

쿠아우
좁은 지역에 바람 없이 내리는 비

"왜 항상 나한테만 비가 내리는 거야?"

후키헤 에네후
낚시하러 가기에 적당한 비

"어서 가자, 물고기를 많이 잡을 수 있을 거야!"

붉은 비가 내려요!

때때로 이상한 날씨를 볼 수 있어요. 예를 들면, 구름에서 내리는 비에 다른 것이 섞여 있지요. 아프리카에 있는 사하라 사막의 모래가 구름이 되어 수천 킬로미터를 날아가 북유럽에 떨어지는 거예요.

타는 듯이 뜨거운 사하라 사막은 고운 모래와 먼지로 덮여 있어요. 강한 바람이 불면 **모래 먼지**는 거대한 **구름**이 되어 하늘 높이 올라가요.

모래 먼지 구름은 **바람**에 밀려 멀리 날아가요. 이 구름이 다른 나라 위를 지나가면, 하늘이 탁한 노란색으로 변해요.

이상한 날씨는 이뿐만이 아니에요.

북극과 남극의 어떤 지역에서는 눈이 **분홍색**으로 바뀌어요.

분홍빛을 띠는 **조류**(식물을 닮은 생물)가 눈 위에서 자라기 때문이에요.

모래 먼지 구름이 유럽의 하늘에서
두꺼운 **비구름**과 부딪혀요.
먼지가 물방울과 뒤섞여…

…**붉은 비**가
땅으로 떨어져요.

모든 것이 붉은 먼지층으로
뒤덮여 버리지요!

앞이 안 보여요!
무슨 일이죠?

한꺼번에 많은 눈이 쏟아지며
바람이 세게 불면
주변 모든 것이 하얗게 보이는
화이트아웃이 발생해요.
땅과 하늘을 구별하기
어려울 정도가 되지요.

39

지구상에서 가장 뜨거운 것

번개는 태양 표면보다 다섯 배나 더 뜨거워요.
그 이유는 놀랍게도 얼음 때문이랍니다!

거대한 폭풍 구름 속에는
수많은 **우박**(얼음덩어리)이
빗방울, 눈과 함께 뒤섞여
소용돌이치고 있어요.

우박과 비, 눈이 서로 부딪히고
마찰하면서 생겨난
전기의 불꽃이…

찌릿!!

번쩍!

아야!

미안해!

아야!

자가스!

피클로 눈을 녹여요

날씨가 매우 춥거나 눈이 내리면,
길이 얼지 않도록 안전에 신경 써야 해요.

보통은 큰 트럭이 길에 **소금을** 뿌려요.

소금을 뿌리면 물이 잘 얼지 않아요!

하지만 소금물이 강으로 흘러 들어가면, 거기 사는 동물들의 생명이 위험해져요.

오늘날 여러 도시에서는 눈을 녹이는 데 다른 방법들을 사용해요. 예를 들어…

…**치즈를** 만들고 남은 액체

…**비트** 주스를요.

…**피클** 병에 남은 액체

냄새가 좀 나긴 하지만, 환경에 훨씬 좋아요!

42

날씨가 따뜻해질수록 더 커지는 것

여름이 끝나가도 따뜻한 날씨가 계속되면 **거미가 더 커진다**는 사실, 알고 있나요?

거미는 모든 종류의 **곤충**을 잡아먹어요. 날씨가 따뜻하면 곤충들은 계속 살아 움직여요.

냠냠! 곤충이 많다는 건 내 먹이가 많다는 뜻이야. 내가 잘 먹으니 점점 더 커지겠지!

거미와 거미가 잡아먹는 곤충은 날이 추워지면 살아남지 못해요.

거미가 더 커지는 건 싫은걸요?

걱정하지 마. 훨씬 커다란 거미라도 네가 무서워 피해 갈 테니까!

내일 비가 올까요?

여러 가지 기구로 날씨에 관한 여러 가지 요소를 측정해요.
기구들이 모은 정보는 거대한 **기상용 슈퍼컴퓨터**에 입력되고,
수많은 계산을 거친 다음, 이 자료로 기상학자들이 일기 예보를 해요.

풍속계

바람의 속도를 측정해요.

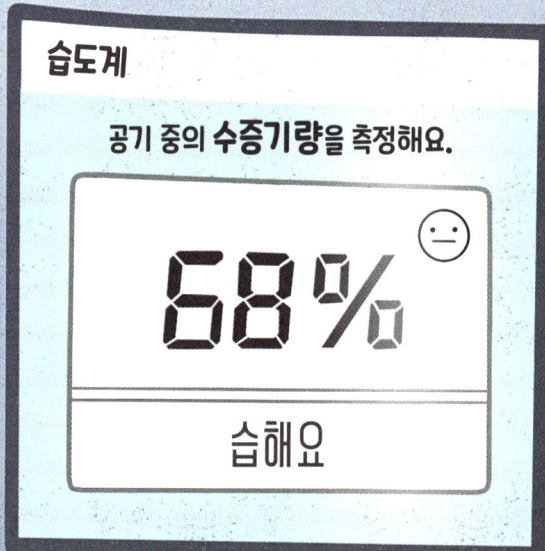

습도계

공기 중의 **수증기량**을 측정해요.

68%

습해요

온도계

공기의 **온도**를 측정해요.

기상 위성

지구 위를 날아다니며
구름의 온도와 두께를 측정해요.

우량계

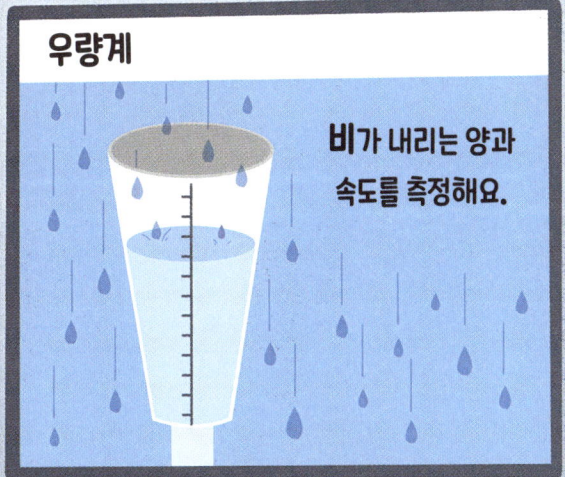

비가 내리는 양과 속도를 측정해요.

기상관측소

모든 측정 기구를 설치해 놓고 기상 요소를 관측하는 곳이에요.

기압계

기압을 측정해요. 기압이란 공기의 무게가 누르는 힘을 말해요.

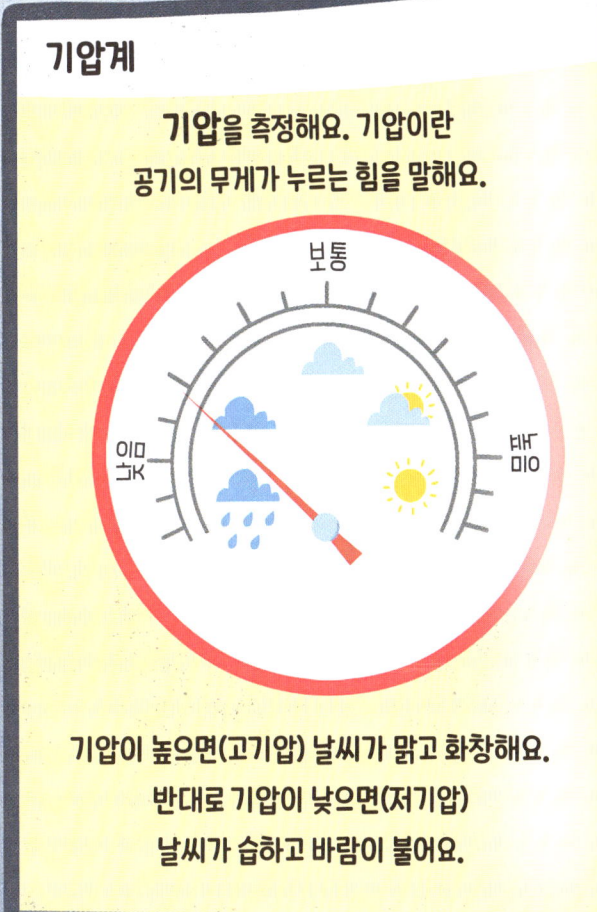

기압이 높으면(고기압) 날씨가 맑고 화창해요. 반대로 기압이 낮으면(저기압) 날씨가 습하고 바람이 불어요.

이것 보렴, 내일은 비가 올 거야! 하지만 때로는 기구가 없어도 날씨를 측정할 수 있지. 책장을 넘겨 자세히 알아보자!

바람 세기 측정하기

주위를 둘러보는 것만으로도 바람의 세기를 측정할 수 있어요.
이 방법을 **보퍼트 풍력 계급**이라고 하며, 0부터 12까지 나누어요.

계급 2 남실바람
살랑 살랑
시속 6~11킬로미터

나뭇잎이 흔들리고,
얼굴에 바람이 느껴져요.

계급 5 흔들바람
시속 29~39킬로미터

작은 나무가 흔들리고,
나뭇가지에서
나뭇잎이 떨어져
날아가요.

계급 6 된바람
시속 39~49킬로미터

우산이 뒤집히고,
큰 나무가 흔들리며,
바다에 3~4미터 정도의
높은 파도가 일어요.

0 1 2 3 4 5 6

날씨를 만드는 건 하늘만이 아니에요

화산이 폭발하면 날씨가 바뀌기도 해요.
번개가 치고, 천둥이 울리고, 비가 억수같이 쏟아지기도 하지요.
화산이 분출하는 규모가 크면 전 세계의 날씨를 바꾸어 버릴 수도 있어요.

어떤 화산은 화산재와 암석이 가득한 짙은 구름을 하늘 높이 뿜어내요.

슈웅!

이 구름에서 생겨난 작은 불꽃들이 사방으로 튀어 올라 **번개**가 쳐요!

쩌저적!

콰콰쾅!

천둥도 울려요.

화산재 구름이 하늘에 떠 있던 구름과 뒤섞이고 무거워져 진흙 같은 **비**를 내리기도 해.

으악!

1815년 4월 5일 저녁, 인도네시아의 탐보라 화산이 폭발했어요.
인류 역사상 가장 강력한 규모의 화산 폭발이었지요.
탐보라 화산은 4개월 동안이나 화산재로 가득한 구름을 내뿜었어요.

콰콰쾅!

짙은 구름이 **태양**을 가렸고,
인도네시아의 **기온**은 뚝 떨어졌어요.
농작물은 말라갔고, 사람들은 굶주렸어요.

화산재 구름은 하늘 높이 솟아올라
전 세계로 퍼져 갔어요.

쉬익!

내 복숭아나무에
무슨 일이 일어난 거야?

멀리 떨어진 유럽과
북아메리카에서도
그해 여름은 오지 않았어요.
7월에 **눈**이 내려 농사를 망쳤지요.

따뜻한 태양이
다시 느껴져요, 후유!

3년 동안이나 기온이 낮게 유지되어
어떠한 농사도 짓기가 힘들었어요.
1818년이 되어서야 모든 화산재가
하늘에서 사라지고 여름도 되돌아왔어요.

49

날씨의 신

아주 오래전, 사람들은 날씨가 왜 생겨나는지 몰랐어요. 그래서 대부분 자기가 믿는 신 때문이라고 생각했지요.

정말 화가 나는군!

제우스는 고대 그리스 신화에 나오는 날씨의 신이에요. 제우스는 화가 나면 상대에게 번개를 던졌어요.

멕시코 일부 지역에 살았던 **아즈텍족**은 **틀랄록** 신이 비를 다스린다고 생각했어요. 틀랄록은 농작물에 물을 주어 자라게 하거나 반대로 할 수 있다고 믿었지요.

울어라! 천둥이여!

북유럽에 살았던 고대 **노르웨이인**들은 **토르** 신이 전투를 벌이러 갈 때 천둥소리가 난다고 생각했어요.

음, 오늘은 비를 내려야겠군!

쩌저적!

핀란드에서는
우코 신이 전차를 몰고
하늘을 날아갈 때
천둥소리가 난다고
생각했어요.

콰 쾅!

서아프리카의 **요루바족**은
오야라는 바람의 여신을 믿었어요.
오야가 바람을 불게 하면
나무가 춤추고, 새가 날아다니며,
구름이 움직이고,
식물이 잘 자란다고 믿었어요.

후우우우!

고대 중국의 신 **우사**는 물이 가득 담긴
항아리를 가지고 다녔어요.
이 물이 밖으로 튈 때마다
하늘에서 비가 내렸다고 하지요.

오, 이런!

51

마멋은 날씨를 예측할 수 있대요

정말일까요? 사람들은 자연에서 날씨를 예측할 단서를 찾으려 해요. 하지만 예측이 항상 맞지는 않아요.

다음 중 맞는 말과 틀린 말을 찾아보세요. 정답은 53쪽 아래에 있어요.

1 붉은 노을이 지면 다음 날은 맑을 가능성이 높아요.

2 소들이 누워 있네! 곧 비가 내릴 거야!

3 날씨가 화창하면 꽃잎이 벌어지고, 비가 올 때는 꽃잎이 오므라들어요.

오, 건물 안으로 빨리 들어가는 게 좋겠구나!

4 8월에 안개가 낀 횟수는 12월에 눈이 내리는 횟수와 같아요.

5

겨울 밤에 달이 또렷이 보이고
구름이 끼지 않았다면,
다음 날은 서리가 내릴 거예요.

밝은 달은 서리 오는 날!

6

성촉절*은 미국의 기념일로, 2월 2일에 마멋이 봄을 예측하는 행사가 열려요. 마멋은 다람쥐와 닮았지만, 몸집이 더 큰 동물이에요. 먼저 사람들이 한 마리 마멋을 골라 **펑수토니 필**이라고 이름 붙여요. 만약 필이 굴에서 나오다 자기 그림자를 보면, 겨울이 6주간 더 계속된다고 하지요.

만약 내가 그림자를
보지 않으면,
겨울이 곧 끝난대!

[정답]

1. 양떼와 기러기 속담이 맞습니다. 정답입니다. 양이 한꺼번에 먹이를 많이 먹거나 기러기 울음소리가 더 크게 들리면, 이것이 동물들의 예민한 촉각을 통해 사람보다 먼저 다가오는 큰 눈을 느끼기 때문일 거예요.

2. 뇌우가 2~3주 후에 폭풍이 올 거예요.

3. 양떼가 아침 일찍 풀을 뜯기 시작한다면 맑은 날이에요. 일반적으로 양이 풀을 천천히 뜯는 것은 날씨가 좋다는 거예요.

4. 뇌우가 잦은가? 양이 잔치고 풀을 뜯어먹기 좋아하지 않으면 대체로 잔치고 풍년이 들어요.

5. 양이에요. 대부분이 양털이 많이 깨끗이 많이 자라나요. 그런데 구름이 낀 날에는 빛이 가려지고, 달빛도 없어져 구름이 있고 따뜻한 지상의 열이 내려가지 않아요. 그래서 아침에 서리가 생기지 않아요.

6. 펑수토니 필이 120년 동안 봄을 예측한 비율은 겨우 39%밖에 안 되었어요.

*성촉절은 영어로 그라운드호그 데이(Groundhog Day)라고 하는데, 그라운드호그는 마멋이라는 뜻이에요.

우박이 점점 커져요

지구가 **점점 따뜻해지고** 있기 때문이에요.

거대한 **폭풍 구름** 속에서 작은 물방울들이 얼어붙으며 **우박**이 생겨나요.

얼음덩어리들이 오르락내리락하면서 물이 달라붙으면, 얼음이 **점점 더 커지고…**

…더 커져서…

…결국 무거워져요. 이때 구름에서 땅으로 떨어지지요.

태양에도 폭풍이 불어요

태양은 아주 뜨겁게 타오르는 가스 덩어리로, 끊임없이 소용돌이치고 폭발하고 있어요. 아주 엄청난 규모의 폭발이 일어나기도 해요. 이를 태양 폭풍이라고 하지요.

태양 폭풍이 일어나면 광선이 우주 공간으로 뻗어나가요.

슈우욱!

후훅!

난 지구와 엄청 멀리 떨어져 있지만 내가 폭발하면서 일으키는 빛과 열은 지구까지 도착하지!

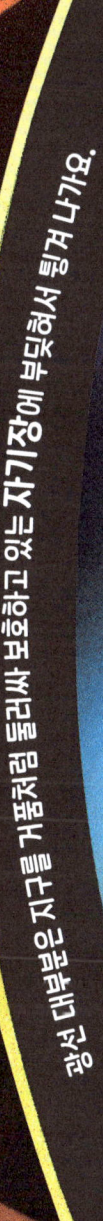

광선 대부분은 지구를 거품처럼 둘러싸 보호하고 있는 자기장에 부딪혀서 튕겨 나가요.

하지만 일부는 통과해서 들어와요. 이로 인해 남극과 북극 하늘에 아름다운 빛이 펼쳐진답니다. 이 현상을 오로라라고 하지요.

"북극 근처에 생기는 오로라는 북극광, 남극 근처에 생기는 오로라는 남극광이라고 한단다. 그렇지?"

"우아, 정말 예쁘네요!"

비가 많이 내리는 사막

대부분의 사막은 건조해요. 하지만 모든 사막이 그렇지는 않아요. 어떤 사막에서는 일 년 중 특정 시기에 많은 비가 내리고 그로 인해 아주 특별한 일이 일어나요.

이곳은 북아메리카에 있는 '소노라 사막'이야. 지금은 6월 말인데, 1월부터 거의 비가 오지 않았지. 이제 곧 이곳은 몰라보게 달라질 거야.

7월부터 9월까지 갑작스러운 **폭우**가 쏟아져
땅에는 물이 넘쳐흐르고, 마른 계곡이 가득 채워져요.

선인장은
새로 온 비를 저장하느라
부풀어 올라요.

꽃은 땅에서 솟아나고
나무 위에도 핀답니다.

곤충이
꽃을 찾아와요.

사막의 **새**들은 알을 낳아요.
새끼들을 먹일 먹이가
충분하니까요.

쟁기발개구리는
알을 낳기 위해
웅덩이로 모여들어요.

'힐라 강의 괴물'이라고 불리는
커다란 **독도마뱀**들이
물을 마시고 먹이를
찾으러 나와요.

59

최고의 날씨 기록

우아! 세계 신기록을 자랑하는 놀라운 날씨들을 소개해요.

가장 해가 오래 떠 있는 곳

미국 애리조나 주의 **유마**에서는 여름이면 매일 최대 13시간 동안 햇빛이 내리쬐어요.

가장 비가 많이 내리는 곳

인도의 **모우신람**에 내리는 비는 놀랍게도 매년 11.8미터나 되어요. 건물 3층보다 높이 차오르지요!

정말 푹푹 찐다, 쩌!

가장 더운 곳

이란의 **루트 사막**은 지표면의 온도가 70.7℃에 이르러요.

와! 눈싸움하기 딱 좋아!

덜덜덜! 나 고장 날 것 같아!

가장 눈이 많이 내리는 곳

일본의 **아오모리현**에는 매년 겨울 눈이 8미터나 내려요.

가장 추운 곳

남극 대륙이에요! **남극 대륙 동부 고원**의 기온은 영하 94℃까지 떨어지기도 해요.

기후 변화로 전 세계의 날씨가 점점 더 극단적으로 변하고 있어요. 그러니 여기 소개된 기록들도 언젠가 깨질 가능성이 높아요.

가장 바람이 세게 부는 곳

남극에는 바람이 아주 강하게 불어요. **컴먼웰스 만**에서는 바람이 시속 240킬로미터로 불어요.

낱말 풀이

이 책에 나온 단어의 뜻을 아래에서 찾아볼 수 있어요.

기압 공기의 무게 때문에 생기는 압력. 기압이 높고 낮음에 따라 날씨가 달라진다.

기후 변화 오랜 시간에 걸쳐 지구의 날씨가 점차 변화하는 현상. 지구온난화로 인해 발생하며, 많은 비와 기온 상승이 동반된다.

눈송이 땅에 떨어지기 전에 구름 안에서 뭉쳐진 작은 얼음 덩어리

달 무지개 밤에 밝은 달빛이 빗방울을 반사하여 나타나는 무지개

몬순(계절풍)기 특정 지역에서 몇 달간 폭우가 내리는 시기

무지개 빗방울에 햇빛이 반사되어 생겨나는 일곱 빛깔의 줄

번개 폭풍 구름에서 발생하는 아주 뜨거운 전기 불꽃

보퍼트 풍력 계급 눈으로 살피는 것만으로 바람의 세기를 측정할 수 있는 척도

사막 비가 거의 내리지 않는 매우 건조한 지역

소나기구름(적란운) 높게 뻗어 올라가는 짙은 구름

안개 땅에 낮게 깔린 짙은 구름

열대우림 일 년 내내 덥고 비가 오는 열대 지역에 형성된 울창한 숲

우박 폭풍 구름 안에서 물방울이 얼어서 생긴 얼음덩어리

천둥 번개가 주변의 공기를 가열하여 내는 소리

태양 폭풍 태양에서 가스 폭발로 일어나는 폭풍

토네이도 빙글빙글 돌며 매우 빠르게 부는 바람이 폭풍 구름에서부터 뻗어 내려와 땅에 닿는 현상

페트리코 비가 마른 땅에 떨어질 때 나는 냄새

폭풍 강한 바람이 부는 불안정한 기상 현상

허리케인 바람이 격렬하게 불며 바다에서 육지로 이동하는 거대한 폭풍

화이트아웃 많은 눈과 강한 바람이 주변을 하얗게 보이게 하는 현상

찾아보기

가스 26, 55, 56, 62
강 12-13, 22, 42, 59
건물 28, 47, 52, 60
건조함, 건조한 날씨 6, 18-19, 23, 30-31, 58, 62
곤충 14-15, 43, 59
공기, 대기 3, 4-5, 21, 28, 29, 34, 36, 41, 44-45, 53, 55, 62
구름 9, 10-11, 17, 22-23, 24-25, 26, 28, 29, 35, 36, 38-39, 40-41, 44, 48-49, 51, 53, 54, 55, 62
금성 27
기상 위성 44
기상관측소 45
기압 45, 53, 62
기압계 45
기후 변화 55, 61, 62

나무 21, 29, 31, 32, 41, 46-47, 49, 51, 59
남극 19, 38, 57, 61
낮 4, 34
노을 34-35, 52-53
농사 49
농작물 32, 49, 50
눈 20, 24-25, 38, 39, 40, 42, 49, 52, 53, 61, 62

달, 달빛 8-9, 53, 62
달 무지개 8-9, 62
더위, 더운 날씨 14-15, 18, 27, 28, 29, 37, 38, 43, 60

도시 28, 42
동물 6, 13, 22, 33, 37, 42, 43, 52-53, 59
두루마리 눈 20
땅 4-5, 20, 22, 30-31, 33, 39, 41, 53, 54, 59, 60, 62

런던 12
루트 사막 60

마멋 53
먹이 43, 59
먼지 23, 27, 28, 35, 38-39, 53
먼지 폭풍 27
먼지회오리 23
모하비 사막 18
목성 26, 27
몬순(계절풍)기 32-33, 62
무지개 8-9, 62
물고기 22, 37
뭉게구름(적운) 10
미국 18, 23, 36-37, 53, 60

바다 4-5, 17, 22, 36, 46-47, 62
바람 4-5, 7, 11, 16-17, 20, 22-23, 26, 28, 30, 32, 37, 38, 39, 44-45, 46-47, 51, 55, 61, 62
밤 5, 8-9, 53, 62
번개 10, 30, 40-41, 48, 50, 62
보퍼트 풍력 계급 46-47, 62

북극 38, 57
북대서양 12
북미산 긴꼬리 14
불 23, 30-31, 40, 48, 62
비 3, 6, 8-9, 10-11, 16, 18-19, 22, 27, 28, 29, 30, 32-33, 35, 36-37, 38-39, 40, 44-45, 48, 50-51, 52-53, 58-59, 60, 62
비층구름(난층운) 10
빛, 햇빛 8-9, 30, 34-35, 41, 53, 56-57, 60, 62

사막 18-19, 38, 58-59, 60, 62
사하라 사막 19, 38
산 9, 11, 36
산불 23, 30-31
새털구름(권운) 10
서리 53
소노라 사막 58-59
슈퍼컴퓨터 44
습도계 44
습기, 습한 날씨 11, 20, 21, 29, 35, 36, 44, 45, 53, 55
식물 6, 21, 30-31, 32-33, 38, 52-53, 59
신 50-51
쌘비구름, 소나기구름(적란운) 10, 62

아라비아 사막 18
아시아 18, 32-33, 49, 51, 60-61

63

아타카마 사막 19
아프리카 6, 19, 38, 51
안개 8, 10, 52-53, 62
얼음 12-13, 21, 22, 24-25, 27, 40, 54-55, 62
얼음 축제 12-13
열 13, 14, 28, 29, 53, 55, 56
열대 우림 29, 62
예측, 예보 10, 27, 44, 47, 52-53
오로라 57
오염 물질 35
온도, 기온 14-15, 18-19, 27, 44, 49, 60-61, 62
온도계 14-15, 44
우량계 45
우박 2, 22, 40, 54-55, 62
우주 17, 26-27, 56-57
유럽 38-39, 49, 50
유로파 27
인도 17, 32-33, 60

인도네시아 49
일본 61
자기장 57
전기 40, 62
중국 32, 51
천둥 10, 41, 48, 50-51, 62
추위, 추운 날씨 5, 12-13, 15, 20, 21, 24-25, 27, 38, 39, 42, 49, 52-53, 61
탐보라 화산 49
태양 폭풍 56, 62
털층구름(권층운) 10
템스 강 12-13
토네이도 22-23, 62
폭풍 5, 10-11, 16-17, 22-23, 26-27, 40, 54-55, 56, 62
풍속계 44

하와이 36-37
해, 태양 4-5, 8-9, 13, 14, 29, 30, 34-35, 40, 49, 56, 60, 62
해왕성 27
행성 26-27
허리케인 16-17, 26, 62
헤어 아이스 21
화산 48-49
화성 27
화이트아웃 39, 62
화학 물질 3, 26
흙, 진흙 3, 48
흰무지개 8

※ 어스본 출판사는 어스본 바로가기에서 추천하는 웹사이트들을 규칙적으로 확인하고 있습니다. 하지만 추천 웹사이트 외에 다른 웹사이트의 내용에 대해서 책임지지 않습니다. 다른 추천 사이트들을 살펴보다가 바이러스에 걸릴 경우, 어스본 출판사는 피해에 대해 책임지지 않습니다.

한국어판 1판 1쇄 펴냄 2023년 8월 1일
옮김 송지혜 편집 권하선 디자인 황혜련 펴낸곳 (주)비룡소인터내셔널 전화 02)6207-5007 팩스 02)515-2007
한국어판 저작권 © 2023 Usborne Publishing Limited

영문 원서 Lots of things to know about Weather 1판 1쇄 펴냄 2023년
글 에밀리 본 그림 카티아 가이갈로바 디자인 케이티 웨브 외 감수 로저 트렌드
펴낸곳 Usborne Publishing Limited usborne.com
영문 원서 저작권 © 2023 Usborne Publishing Limited

이 책의 영문 원서 저작권과 한국어판 저작권은 Usborne Publishing Limited에 있습니다.
저작권법에 의하여 한국 내에서 보호를 받는 저작물이므로 무단전재와 복제를 금합니다.
어스본 이름과 풍선 로고는 Usborne Publishing Limited의 트레이드 마크입니다.